Vadim Tschenze

Das Medizinrad in der Praxis

DAS MEDIZINRAD IN DER PRAXIS

VADIM TSCHENZE

SILBERSCHNUR VERLAG

Hinweis:

Alle in diesem Buch enthaltenen Angaben wurden vom Autor nach bestem Wissen und Gewissen zusammengestellt. Die Informationen in diesem Buch sind aber nicht dazu gedacht, einen Arzt oder Therapeuten zu ersetzen. Eine Haftung des Autors bzw. des Verlages für Personen-, Sach- und Vermögensschäden ist ausgeschlossen.

ISBN: 978-3-89845-298-4

1. Auflage 2010
2. Auflage 2013
3. Auflage 2021

Fotos/Grafiken: Vadim Tschenze
Gestaltung & Satz: XPresentation, Güllesheim
Druck: Finidr, s.r.o. Cesky Tesin

Verlag »Die Silberschnur« GmbH · Steinstr. 1 · 56593 Güllesheim
www.silberschnur.de · E-Mail: info@silberschnur.de

Widmung

Dieses Buch widme ich allen Schamanen
dieser Welt sowie denen,
die zu ihnen gehören möchten.
Ich widme es zudem allen, die an meiner
Arbeit Interesse finden.

Durch dieses Buch finden Sie den Weg
zu einem Geheimnis: Ganzheit.

Danksagung

Ich bedanke mich bei jedem, der mich
bei meiner Arbeit unterstützt hat.
Mein besonderes Dankeschön geht an
meine Familie und an meine Freunde,
die die Veröffentlichung dieses Buches
erst möglich gemacht haben.

Inhalt

Vorwort

Liebe Leser,

in meinen Augen ist Schamanismus ein Lebensstil. Man kann demnach als Schamane geboren werden oder aber erst zum Schamanen werden, und ein Schamane ist jeder, der auf geistigen Grenzen wandelt oder eine Ganzheit schafft. In der tungusischen Sprache bezeichnet man einen Menschen dann als Schamanen, wenn er durch spirituelle Erregung zu den Wirklichkeiten der geistigen Welt gelangen kann. Die sibirischen Tungusen verwenden das Wort »Schamane« auch als Begriff für »Weisheit«.

Die schamanische Vorstellung von Krankheit unterscheidet sich wesentlich von der der klassischen Schulmedizin. Man wird nach dem Glauben der Schamanen nicht energielos, weil man krank ist, sondern man wird krank, weil Energien im Körper oder um den Körper herum schlecht verteilt sind oder gestaut werden. Schamanismus entstand also aus der Erfahrung, dass eine Krankheit (oder ein böser Geist) immer eine Störung zwischen dem Menschen und dem Universum ist. Der Schamane versucht, wieder ein Gleichgewicht herzustellen und die Störung durch die Arbeit mit den Elementen sowie mit Hilfe der Heilkraft der Natur zu beheben und den Kontakt zum Göttlichen wiederherzustellen.

Dies gelingt am besten mit dem so genannten Medizinrad. Auch Sie können mit diesem Buch die Kraft dieses Wissens am eigenen Leib erfahren. Verwenden Sie das Medizinrad zu Ihrer eigenen Heilung und zur Heilung Ihrer Mitmenschen sowie der Natur - und werden Sie glücklich.

Natürlich erhebt mein Buch keinen Anspruch auf Vollständigkeit. Es wäre auch unmöglich, sämtliche Erkenntnisse aus vielen Jahren der Forschung in einem einzigen Buch bis ins Detail zu beschreiben.

Weiterführende Informationen finden Sie am Ende dieses Buches (»Über den Autor«).

Schamanismus

Wer ist ein Schamane?

Das Wort »Schamanismus« kommt eigentlich aus dem Sibirischen und bedeutet so viel wie »Arbeit mit Feuer und Energie«. Für die sibirischen Schamanen ist eine Flamme die stärkste Energie und das stärkste Symbol für Kraft. Das Element Feuer wird bei den Schamanen daher vergöttert und ihm werden transformatorische Kräfte zugeschrieben. So wird zum Beispiel ein Feuerritual zum Verbrennen aller negativen Energien durchgeführt. Dabei werden einige Gegenstände, die das symbolisieren, was man aus seinem Leben entfernt haben möchte, ins Feuer geworfen. Wenn man beispielsweise genesen will, wirft man ein »durchgeschwitztes« Hemd in das

Abb. 1: Baum mit Eingang in die Anderwelt

Feuer. Doch auch andere Rituale wie das Begraben von Gegenständen zum Loslassen werden von Schamanen praktiziert. Man setzt dabei immer das eigene Bewusstsein für die Lösung von Problemen ein.

In der Literatur finden sich mehrere Definitionen für den Begriff »Schamane«, so ist ein Schamane ein Mittler zwischen den Welten, mit denen er Kontakt aufnimmt. Nach schamanischen Vorstellungen gibt es dabei drei Welten: In der mittleren Welt leben wir, und die anderen beiden Welten sind für uns normalerweise unerreichbar. Durch eine schamanische Reise bekommen wir jedoch die Möglichkeit, in diese Welten einzudringen. Schamanen benutzen dazu Trommeln und ein Medizinrad, dann gehen sie in Trance durch eine Öffnung in einem Lebensbaum (der Baum ist ein schamanisches Symbol des Lebens).

Grundsätze

Schamanen gehen davon aus, dass alles den gleichen Ursprung hat und dass alles lebt.

- Alles ist eins, und alles ist mit allem verbunden.
- Auch alle Menschen sind eins, sie sind wie Zellen im Gewebe miteinander verbunden.
- Alles ist lebendig, auch die Luft und die Steine.
- Man kann alles beeinflussen.
- Zeit existiert nicht.
- Man kann die »Zeit« daher beeinflussen.
- Es gibt nichts, was unmöglich wäre.

Werkzeuge des Schamanen

Die Schamanen verschiedener Länder benutzen bei ihrer Arbeit seit Jahrtausenden bestimmte Werkzeuge. Dazu zählen:

- Medizinrad
- Masken
- Krafttiere

- Felle
- Steine
- Klangschalen
- Hölzer
- Kräuter
- Räucherungen
- Traumfänger

Was muss ein Schamane lernen?

Ein Schamane sollte mehrere Bereiche der schamanischen Arbeit kennen lernen:

- Reinigung
- Meditationen
- Wahrnehmung der unterschiedlichen Körper (physischer, emotionaler, mentaler und spiritueller Körper)
- Reinigungsmethoden
- Disharmonien erkennen
- Durchführung von Heilungen
- Einweihungsrituale
- Energetisierung

- das Ego abbauen
- mentale und emotionale Reinigung
- Wahrnehmung von Energien
- Selbstheilung
- die Welt als »Energie« wahrnehmen

Einiges davon kann der Schamane mit dem Medizinrad erreichen - und mit diesem Buch ist dies nun auch Ihnen, lieber Leser, möglich.

Die spirituelle Welt – Heimat der Schamanen

Bei Schamanen geht es darum, die Kräfte der Natur für Heilungen zu nutzen. Schamanen leben nicht nach physikalischen Gesetzen, sie nutzen eine ganz andere Realität mit völlig eigenen Eigenschaften. Diese Welt nenne ich einfach Spiritwelt. Und wie muss man sich diese Welt vorstellen? Man kann sie sich als ein Ei vorstellen, wobei das Eigelb die Spiritwelt darstellt. (Das Ei ist übrigens auch eine Ursubstanz, mit der sich

jeder Schamane früher oder später beschäftigt.) Die spirituelle Welt ist sozusagen die wirkliche Welt des Schamanen, in die er reist, um dort Ahnen oder Helfer sowie spirituelle Lehrer zu besuchen. In dieser Welt kann ein Schamane umherreisen, heilen, Ursachen von Blockaden finden und die Zukunft beeinflussen. Dies geschieht unter ganz anderen Voraussetzungen, als wir es in unserer Wirklichkeit kennen. Doch viele erstaunliche Resultate werden in unsere sichtbare Welt übertragen und bewirken oft Wunder.
Doch Sie werden sich nun vielleicht fragen: Wie sieht diese »andere« Welt aus? Und wo liegt sie? Um das verstehen zu können, müssen wir unsere üblichen Muster ablegen. Denken Sie immer daran, dass es viel mehr gibt, als Sie sehen können. Man sollte versuchen, sich dieser Welt zu öffnen, und ich will nun versuchen, Ihnen diese Welt etwas näher zu bringen.
Im Jahr 2002 hatte ich eine kleine Lebenskrise, die mich aber schließlich zu dem gemacht hat, was ich heute bin, also zu einem Schamanen. Ich arbeitete damals im medizinischen Bereich und konnte der Esoterik nicht so viel Zeit widmen.

Die Arbeit gefiel mir zwar, aber durch den Stress und den Zeitdruck in dem Job litt ich so sehr, dass sogar der Körper zu reagieren begann. Ich hatte Magenschmerzen und Ekzeme bekommen. Das Thema des Ganzen war: loslassen und sich esoterisch orientieren. Diese Erkenntnis hatte ich aber erst später, als nach dem Loslassen die Leiden verschwanden.

Davor suchte ich die Ursachen durch eine schamanische Reise, durch eine Trommel und im Medizinrad. Ich bereitete alles vor: Ich legte das Medizinrad aus, setzte mich hinein und fing an zu trommeln. So trat ich nach einigen Minuten in die spirituelle Welt ein. Ich sah eine grüne Wiese und einen Riesenbaum. Hinter diesem Baum konnte ich eine Höhle sehen. Ich ging hinein und traf ein paar Minuten später einen Tiger. Ich wusste zu der Zeit, dass der Tiger mein Krafttier ist. Ich erzählte ihm, dass ich seit einiger Zeit unter Magenschmerzen litt, und fragte ihn, ob er mir helfen könne. Er ging auf mich zu und versicherte mir, dass er mir helfen würde. Wir gingen beide weiter, und ich sah eine dunklere Höhle, in der kaum Licht war. Es war feucht und roch sehr unangenehm. Mir wurde kalt. Auf einmal sah ich mich selbst, auf einem Stuhl sitzend. Ich sah, dass ich dick war und dass mein Ebenbild einen runden Bauch hatte. Aus diesem Bauch floss eine dunkle Flüssigkeit heraus. Der Tiger sagte mir, ich solle diese Flüssigkeit abwischen und meine Sorgen verarbeiten. Die Flüssigkeit wäre Galle, die mir bis zum Kragen reiche. Ich stellte mit Entsetzen fest, wie schmerzhaft es war. Ich sah mir die Hände meines Doppelgängers an: Die Haut an den Händen war eingerissen und faulte. Auf einmal spürte ich, dass noch jemand hinter mir war, der sagte: »Verlasse die Höhle!« Es war mein geistiger Lehrer. Es war Zeit für die Rückkehr in die materielle Welt, doch ich glaubte, die Ursache meiner Leiden erkannt zu haben.

Wieder zurückgekehrt suchte ich nach Heilungsmöglichkeiten für die anhaltenden Schmerzen und Hautprobleme, und ich fand sie tatsächlich. Nach dieser schamanischen Reise stellte ich fest, dass es mir viel besser ging, die Schmerzen und Ekzeme waren jedoch nicht verschwunden. Bis zu meiner kompletten Entscheidung, meine

Kündigung beim Arbeitgeber einzureichen, hielten die Beschwerden an. Doch schon nach ein paar Tagen entschloss ich mich, die Kündigung abzugeben. Ich war mit mir zufrieden und stellte fest, dass meine Schmerzen nicht mehr da waren, auch die Ekzeme verschwanden. Nun wusste ich, dass die Ursache meiner Probleme offensichtlich im seelischen Bereich gelegen hatte. Danach begann ich, mich noch intensiver mit dem Medizinrad zu beschäftigen, was ich auch bis heute tue. So wie ein normaler Mensch nur in der materiellen Welt lebt und in dieser Welt handelt, so leben und handeln Schamanen in beiden Welten.

Schamanismus und die fünf Elemente

Geistheiler und Schamanen arbeiten mit verschiedenen Elementen:

Feuer

Mit einer Kerze kann man Chakren bei einem Kranken ausgleichen. Dazu wird eine Kerze vor eines oder vor mehrere Chakren gehalten.

Holz

Mit einem Holzstab kann man Energien in den Meridianen nachziehen und diese somit schneller fließen lassen.

Wasser

Man kann das Wasser besprechen, sodass es Informationen speichert, und man kann mit diesem Wasser heilen.

Luft

Durch Pusten kann man Energie übertragen.

Erde

Man kann die negativen Energien in Erde ableiten und so kranke Menschen heilen.

Die Erdgeister

Auch Steine haben einen Geist und eine Seele, und für einen Schamanen gilt ohnehin: Alles lebt. Da wir zudem ständig in einem Energieaustausch leben, können uns die Lebensenergien von Steinen beispielsweise beim Ausgleich helfen. In den Steinen leben Erdgeister. Dies sind wichtige Geister, die zur Heilung verschiedenster Leiden gerufen werden können. Denn die Erde ist in der Lage, alles Negative aufzunehmen und negative Energie in positive umzuwandeln sowie Negatives aus dem Körper zu nehmen.

Mit diesem Wissen arbeitete auch meine Oma Walja und ihre Mutter Anastasia. Bei Heilungen nahmen sie eine Schüssel mit Erde, und die Patienten mussten sich barfuß auf diese Erde stellen. Danach haben sie gebetet und ihnen die Hände aufgelegt. So wurden negative Kräfte und Krankheiten in die Erde geleitet.

Da auch Schamanen immer geerdet sein sollten, hier eine hilfreiche Übung: Wir gehen in die Natur und visualisieren, wie aus unseren Füßen Wurzeln wachsen. Dadurch können wir alles Negative ableiten und zugleich Kraft aus der Erde gewinnen. Bei welchen Problemen werden Erdgeister gerufen?

- Gefühle aktivieren
- sich reinigen und heilen
- Veränderungen annehmen
- Schutz und Sicherheit des Hauses gewährleisten
- psychische Stabilität erlangen
- Muster aus der Kindheit erkennen

Um diese Geister zu fühlen, sollten Sie öfter in die Natur gehen oder das Medizinrad nutzen.

Das Medizinrad

Die Zeit für das Medizinrad ist gekommen

Das Medizinrad ist eine geheime Lehre, die eine ganzheitliche Heilung der Erde hervorrufen kann. Schamanen in der ganzen Welt diskutieren heute häufig über dieses Thema, denn viele bewegende Dinge sind geschehen, die uns gezeigt haben, dass die Zeit des Medizinrades und der Harmonie gekommen ist, und wir müssen versuchen, zum Medizinrad zurückzukehren. Welche Geschehnisse uns umdenken lassen sollten? Die Naturkatastrophen, die sich gehäuft haben, zeigen uns, dass wir die Natur vernachlässigen und einige Seelenanteile der Natur töten. Die Erde schreit buchstäblich, dass der Mensch langsam aufwachen muss.

In der ganzen Welt sind in den letzten Jahren zudem oft »geheimnisvolle« Kornkreise erschienen, mitten in Feldern. Ich habe dies selbst oftmals in den USA, in Russland, in Polen und zuletzt auch in Litauen beobachten dürfen. Viele denken, UFOs seien dafür verantwortlich, andere sagen, dass die Kreise durch Radioaktivität aus dem Kosmos entstehen. Aus schamanischer Perspektive denke ich jedoch, dass dies Kreise sind, die von Naturgeistern geschaffen wurden, mit für uns Menschen unbegreiflichen Kräften. Durch diese Kornkreise teilen uns die Naturvölker mit, dass jetzt die Zeit gekommen ist, um zu dem Medizinrad zurückzukehren.

Die Erde braucht unsere Hilfe, und wir Schamanen sollten die Heilung der Erde, bevor es zu spät ist, gewährleisten, alle gemeinsam. Dabei spielt es keine Rolle, ob wir alleine oder in Gruppen arbeiten, es ist auch unerheblich, in welchen Ländern der Welt wir leben. Karmisch gesehen sind wir genau dort, wo wir gerade gebraucht werden, und wir sind durch die verschiedenen Länder so verteilt, dass ein Netz der Schamanenkräfte entsteht. So kommunizieren unsere

Kräfte miteinander, ohne dass wir uns persönlich kennen müssen. So ist unsere Energie eins. Ich sehe das Medizinrad als wichtiges Werkzeug an, und indem wir mehr mit dem Medizinrad arbeiten, lernen wir auch mehr über uns und über das Universum.

Schamanische Astrologie

Auch das Medizinrad ist ein Bestandteil der Schamanenarbeit. Es ist ein Heilungsrad, das uns Informationen beschaffen kann und die Heilkräfte aktiviert. Bei den Schamanen ist alles Medizin, was heilt.

»Ich bin ein Kreis, ich heile dich,
du bist ein Kreis, du heilst mich,
lass uns eins sein ...«

Das Medizinrad basiert auf der Vorstellung vom menschlichen Leben als Kreis von Geburt, Tod und Wiedergeburt. Das Medizinrad ist mit dem Radix der klassischen Astrologie vergleichbar und

kann als das Instrument der schamanischen Astrologie bezeichnet werden, das uns unser Leben, unsere Aufgaben sowie unsere Lebensziele erklärt. Wenn wir beispielsweise als Löwe geboren werden, haben wir im Medizinrad die Stelle bzw. den Stein des Löwen erhalten. Sind Sie im Fischezeichen geboren, starten Sie analog hierzu an der Stelle bzw. am Stein des Fisches. Da das Leben jedoch nicht stehen bleibt und wir uns ständig weiterentwickeln, gehen wir sozusagen von einem Stein zu einem anderen, erledigen immer neue Ziele im Leben und erleben eine spirituelle, seelische Entwicklung. Somit erleben wir z. B. auch als Löwe die Aufgaben von Wassermännern, Fischen und anderen Sternzeichen, denn wir sind für kurze Zeit in die anderen Sternzeichen eingeladen, um zu lernen.
Wir gehen in unserem Leben kreuz und quer durch das Medizinrad, und zu einer bestimmten Zeit befinden wir uns vielleicht im Süden in der Mitte. Egal wo, die Stelle, an der wir uns momentan befinden, zeigt uns, wo wir spirituell stehen. Dabei gilt: Je näher wir der Mitte des Kreises kommen, desto ausgeglichener sind wir. Genau

wie die klassische Astrologie glauben die Schamanen demnach, dass sich alles permanent verändert, wir das Medizinrad durchwandern und uns so ständig verbessern und seelisch weiterentwickeln (vgl. Transite und Progressionen in der Astrologie).

Das Medizinrad besteht aus verschiedenen Bausteinen und ähnelt, wie erwähnt, in seinem Aufbau der klassischen Astrologie: Es gibt ebenfalls Häuser und Sternzeichen. Man findet im Medizinrad auch die vier Elemente Feuer, Wasser, Luft und Erde sowie die Tierzeichen, so genannte Tiertotems. Jedes Tiertotem steht dabei für eine bestimmte Entwicklungsstufe.
Außer einem Monat werden jedem Menschen noch verschiedene weitere Elemente zugeordnet, wie eine Pflanze (Birke, Wegerich, Löwenzahn, Schafgarbe usw.), ein Tier (Schneegans, Otter, Puma, Biber, Hirsch usw.) oder ein Stein (Quarz, Silber, Türkis, Feueropal etc.). Die Zuordnung der Tiere steht dabei an erster Stelle und ist sehr wichtig.

Datum	Sternzeichen	Mineral
22.12. – 20.01.	Steinbock	Quarz
21.01.– 19.02.	Wassermann	Silber
20.02. – 20.03.	Fische	Türkis
21.03. – 20.04.	Widder	Feueropal
21.04. – 21.05.	Stier	Chrysokoll
22.05. – 21.06.	Zwillinge	Moosachat
22.06. – 22.07.	Krebs	Karneol
23.07. – 23.08.	Löwe	Granat
24.08. – 23.09.	Jungfrau	Amethyst
24.09. – 23.10.	Waage	Jaspis
24.10. – 22.11.	Skorpion	Malachit
23.11.– 21.12.	Schütze	Obsidian

Pflanze	Tiertotem	Farbe
Birke	Die Schneegans	Weiß
Zitterpappel	Der Otter	Silber
Wegerich	Der Puma	Türkis
Löwenzahn	Der Habicht	Gelb
Eiche	Der Biber	Blau
Schafgarbe	Der Hirsch	Weiß, Grün
Heckenrose	Der Specht	Rosa
Himbeere	Der Stör	Rot
Veilchen	Der Bär	Purpur
Königskerze	Der Rabe	Braun
Distel	Die Schlange	Orange
Schwarzfichte	Der Elch	Schwarz

Das Medizinrad in das Leben integrieren

Das Medizinrad hilft uns, uns in dieser Welt zu definieren, es dient quasi als Orientierungskarte für unsere Seele. Das Medizinrad zeigt uns, an welchem Platz wir uns befinden und wie alles miteinander verwoben ist. Es hilft uns außerdem, ein gemeinsames Bewusstsein zu entwickeln, da alle miteinander verbunden sind - alles ist eins. Das Medizinrad wird als »Astrologie der Erde« bezeichnet und ist ein Werkzeug, mit dessen Hilfe wir uns sofort und überall mit den Energien des Universums verbinden können. Durch Übungen mit dem Medizinrad können wir uns selbst besser verstehen lernen und Licht in die unbekannte Seite unserer Seele bringen, wir können uns öffnen für spirituelle Erfahrungen.

Die Informationen, die das Medizinrad enthält, ermöglichen ein neues Verständnis unseres Lebens.

Das Medizinrad ist ein magischer Kreis, der die ganze Welt in sich vereinigt. Es ist ein Kraftort, an dem jeder Energie tanken und Heilung finden kann. Medizinräder sind Kreise aus Steinen, die die Verbundenheit mit dem Leben widerspiegeln und sie dienen der Heilung der Menschen, der Erde und der Natur. Mit dem Legen eines Medizinrades bringen wir wahrlich ein Stück Himmel auf die Erde und lernen, im natürlichen Rhythmus des Kreises zu leben und Aspekte der vier Richtungen in Bezug auf Lebensfragen und Heilung in das Leben zu integrieren sowie inneres Gleichgewicht zu finden. Durch das Medizinrad lernen wir daneben, mit Krisen umzugehen und alles, was wir tun, zu einem Geschenk für die Erde zu machen. Dabei bedeutet das Wort »Medizin« im Begriff »Medizinrad« nicht Arzneimittel, sondern alles, was uns heilt: neue Ideen, Kräfte der Natur, Visionen und Träume.

Das Medizinrad selbst wird als Kreis aus verschiedenen Steinen ausgelegt, wobei manche Medizinräder 16, andere 36, 40 oder sogar 54 Steine haben. Ich arbeite mit zwei verschiedenen Medizinrädern: einem Rad mit 36 und einem anderen mit 40 Steinen. Letzteres will ich Ihnen hier vorstellen. Zu jedem Medizinrad gehören daneben die vier Himmelsrichtungen, die ausgewiesen werden.

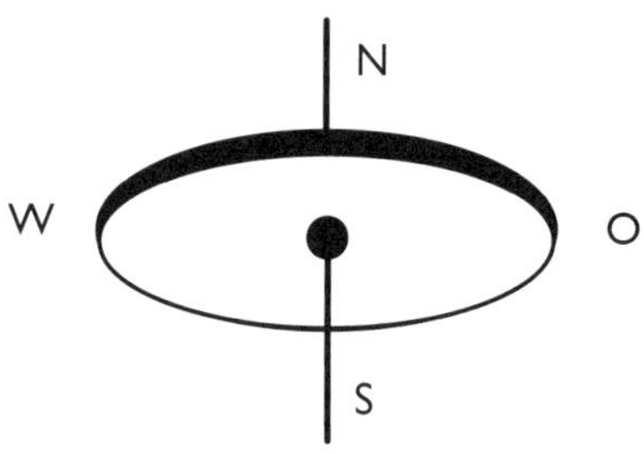

Abb. 2: Den vier Himmelsrichtungen, von den indianischen Schamanen auch die »vier Winde« genannt, kommt eine große Bedeutung zu im Medizinrad.

Der Norden

ist der Platz des Winters und der Ruhe.

Der Osten

ist der Ort der Geburt und des Anfangs.

Der Süden

ist die Zeit des Sommers, des Lebens und des Wachstums.

Der Westen

ist die Zeit des Herbstes und der Ernte.

Jeder der vier Richtungen werden verschiedene Eigenschaften zugeordnet. Das Medizinrad ist jedoch ein persönliches Werkzeug, weshalb die Zuordnung der Eigenschaften dem Empfinden der Person, die es gebaut hat, entspricht. Die Möglichkeiten sind hier vielfältig, Sie können Automarken, Gefühle, Tiere, Farben oder Jahreszeiten spontan zuordnen, wobei die Zuordnung den Merkmalen der Himmelsrichtung gerecht werden sollte. Also, finden Sie Ihre eigenen, ganz persönlichen Zuordnungen.

Stellen Sie sich Ihr eigenes Medizinrad zusammen, und schreiben Sie die Eigenschaften der Himmelsrichtungen auf. Entspannen Sie sich danach, schließen Sie die Augen und stellen Sie sich das Medizinrad vor Ihrem Dritten Auge vor. Versuchen Sie auch, sich ein X vorzustellen, das Kreuz, das das Rad in vier Teile teilt. Lassen Sie das Rad auf sich wirken. Lassen Sie dann irgendwo auf dem Rad einen Punkt erscheinen, und beobachten Sie ihn. Der Punkt wandert durch das Rad. Verfolgen Sie ihn, bis er irgendwo stehen bleibt. – Die Eigenschaften der Stelle, an der der Punkt stehen bleibt, sind die, die man verändern sollte. Ein zentraler Aspekt der Medizinräder dabei ist jedoch: Alles befindet sich innerhalb des großen Kreises, und alles bewegt sich.

Alles in der Welt hat seinen Platz
und seine Ordnung.

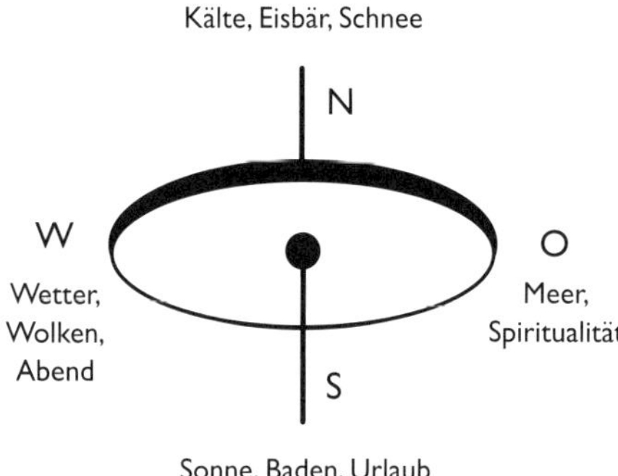

Abb. 3: Mögliche Eigenschaften, die den vier Himmelsrichtungen zugeordnet werden können.

Was kann man noch mit dem Rad anfangen? Sie können solch ein Medizinrad im Garten aufbauen und nutzen. Setzen Sie sich in den Kreis, und genießen Sie die Ruhe.

Wie baut man ein Medizinrad?

Abb. 4: Ein Medizinrad aus einem Seminar

Wie ich schon weiter oben erwähnt habe, gibt es verschiedene Arten von Medizinrädern. Ich beziehe mich hier auf jenes aus Sibirien, dessen Prinzip ich kurz beschreiben möchte: Dieses Rad hat zwei Kreise, die aus 40 Steinen bestehen. Der äußere Kreis des Medizinrades ist die Lebensreise, und man kann ihn auch als Jahreslauf bezeichnen. In der Mitte des Rades liegt der Schöpferstein, der das Rad in Bewegung hält. Im inneren Kreis befinden sich die Planeten (Erde, Sonne, Mond) und die vier Elemente. Vier Pfade führen in diesen inneren Kreis, das sind besondere Qualitäten in unserem Leben. Dazu kommen noch vier karmische Steine.

Nachdem Sie von der Vision des Medizinrades gelesen haben, werden Sie vielleicht das Gefühl haben, dass es wichtig ist, für sich selbst ein Medizinrad zu bauen. Bevor Sie aber ein Medizinrad bauen, möchte ich Ihnen gerne einige Informationen zu den Zeremonien an die Hand geben, die mit einem solchen Rad abgehalten werden.

Vor jeder Zeremonie werden die Anwesenden gereinigt, indem sie mehrmals mit Weihrauch umhüllt werden. Somit werden negative Kräfte abgewiesen und positive Kräfte angezogen. Ich bevorzuge hierzu Salbei, Tabak und verschiedene Weihrauchmischungen, die verbrannt werden.

Dann sollten Sie beide Hände auf die Steine legen, damit diese Ihre Energie annehmen. Alle Teilnehmer der Zeremonie sollten im Kreis stehen. Derjenige, der die Teilnehmer einräuchert, sollte den Rauch zuerst zu seiner Herzgegend und dann hoch über seinen Kopf führen. Anschließend räuchert er jeden weiteren Teilnehmer ein und reinigt anschließend auf gleiche Weise auch die Steine.

Legen Sie nun alle Steine auf einen Karton, oder kleben Sie sie darauf. Wenn Sie ein großes Rad in der Natur auslegen, sollten die Steine auf den Boden gelegt werden. Auf sicherem Untergrund kann auch eine kleine Feuerstelle in die Mitte des Rades gelegt werden. Zum Feuermachen sollten Sie immer Zündhölzer verwenden, nie Feuerzeuge! Denken Sie daran, dass das Feuer im Medizinrad heilig ist. Die Feuerstelle sollte auch nicht täglich benutzt werden, sondern nur an speziellen größeren Ritualtagen. Lassen Sie zudem niemals zu, dass jemand etwas Fremdes ins Feuer wirft. Bei Schamanen gibt es zwar auch andere Feuerrituale, zum Beispiel bei Vollmond. Bei diesem Ritual wird ein Feuer gelegt und dann werden einige Gegenstände hineingeworfen, um etwas Böses, z. B. eine Krankheit, zu verbrennen. Dieses Ritual hat jedoch nichts mit dem Medizinrad zu tun. – Da man aber an den meisten Plätzen in der Natur und auch bei unserem Medizinrad aus Karton kein Feuer entfachen kann, legen Sie einfach eine Prise Tabak in die Mitte. Den Tabak, dem man besondere Kräfte zuschreibt, verwendet man bei Ritualen als Geisteropfer.

Danach können Sie ein Gebet sprechen und versuchen, die Energien zur Heilung zu nutzen.

Für Schamanen ist das Medizinrad das Zentrum für das Leben der großen schamanischen Familie. Schließlich treffen sich Schamanen immer wieder am Medizinrad zu einem Heilungsritual oder einfach zur Begrüßung eines Menschen oder auch einer Jahreszeit. Integrieren Sie das Rad auch in Ihr Leben, es bringt Ihnen mehr Erfolg, Glück und Erkenntnisse.

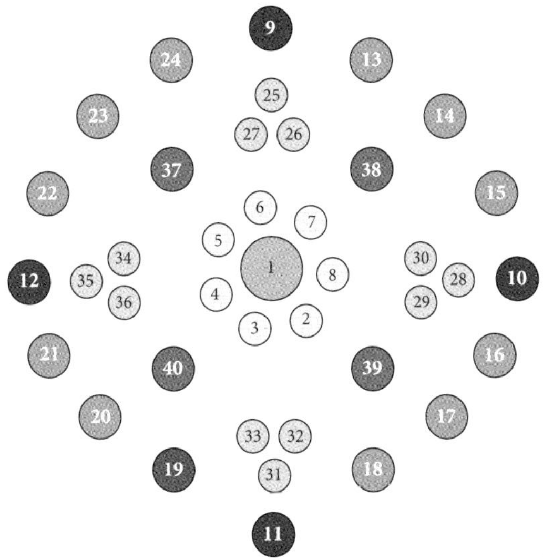

Abb. 5: Hier sehen Sie ein Medizinrad, das aus 40 Steinen besteht. Ein weiteres sibirisches Medizinrad besteht aus ca. 54 Steinen und sieht wie eine liegende Acht aus. Dies ist aber eine sehr komplizierte Konstruktion, die nur sibirische Schamanen verwenden.

Um ein Medizinrad zu bauen, braucht man Ruhe und Gelassenheit. Sie können das Rad alleine oder zusammen mit anderen bauen.
Zuerst sollte man den Platz für das Medizinrad sorgsam auswählen. Es sollte eine Stelle sein, die Kraft und Stärke vermittelt, am besten irgendwo

im Grünen und möglichst nicht neben einer Straße. Der Platz sollte relativ flach sein, ein gutes Gefühl vermitteln und auch nur selten betreten werden. Ein Medizinrad ist schließlich ein Ort des Heilens und ein heiliger Ort.

Welche Steine braucht man für ein Medizinrad? Sie können sowohl Edelsteine als auch Kieselsteine benutzen. Legen Sie alle Steine nach dem Medizinradschema aus, wobei Sie den für Sie schönsten Stein in die Mitte legen, denn die Mitte des Kreises steht für den Großen Geist (Gott).
Wenn alle Steine ihre Position gefunden haben, können Sie die verschiedenen (Edel-) Steine auf den Karton aufkleben.

Man sollte ein Medizinrad alleine oder mit Familienmitgliedern anlegen. Wenn andere Menschen anwesend sind, sollte man sie bitten zu helfen. Jeder platziert dabei den Stein im Medizinrad, der seinem Mond bzw. seinem Sternzeichen entspricht. Auch Karma- (neutrale und negative seelische Erfahrungen) und Dharmastellungen

(positive seelische Erfahrungen) habe ich in dem Rad vorgesehen.
Wenn Sie mit dem Bau des Rades fertig sind, sollten Sie versuchen, Ihr Herz auszuschütten. Sie können das durch Worte, durch Gedichte oder durch Musik tun.

Erklärung des Rades

Das Medizinrad ist in zwölf Monde (Monate) eingeteilt, und es beginnt am 22. Dezember mit dem Mond der Erderneuerung. Unsere eigene Ausgangsposition beginnt in dem Monat, in den unser Geburtstag fällt. *Beispiel:* Sie sind z. B. im Zeichen Fische geboren, dann stehen Sie am 15. Stein der Geburt. Sind Sie als Stier geboren, stehen Sie am 17. Stein. An diesem Tag fangen wir an zu reisen und zu leben, wie es die Schamanen bezeichnen. Diese Ausgangsposition gibt uns bestimmte Fähigkeiten mit auf den Weg, sie bestimmt unsere Ziele sowie Vorhaben und verleiht uns spezielle Kräfte. So wie bei der klassischen Astrologie jedem Sternzeichen werden hier jedem

Mond bestimmte Charaktereigenschaften und Lebensprüfungen zugeordnet wie auch ein Tier, eine Pflanze sowie Mineralien. Durch die Beschäftigung mit den Eigenschaften der zugeordneten Tiere, Pflanzen und Mineralien kann man auch sich selbst besser kennen lernen.

Schamanen glauben an Reinkarnation und Wiedergeburt. Wir sagen, dass man in seiner ersten Inkarnation ein Stein war, durch die Entwicklung der Seele wird man irgendwann zu einer Pflanze, dann zu einem Tier und schließlich landen wir in der menschlichen Körperhülle. Wir entwickeln uns aber auch in diesem menschlichen Leben weiter und wandern durch ein Medizinrad.

Im Verlauf unseres Lebens bemerken wir, dass wir neue Eigenschaften und Charakterzüge bekommen, und unser ursprüngliches Tiertotem passt dann logischerweise auch nicht mehr zu uns. Es spielt keine Rolle, in welcher Richtung man sich auf dem Rad bewegt und in welche Richtung man reist, wir sind alle verschieden und reisen auf unsere eigene, einzigartige Weise durch das Rad. Das Wichtigste dabei ist das Wachstum unserer Seele. Manche Menschen sind in der

Lage, das Rad in einem einzigen Leben zu bereisen, andere brauchen eventuell mehrere Leben dazu.

Um wachsen zu können, müssen wir uns uns selbst und dem Kosmos öffnen.

Medizinräder sind meistens Steinkreise, die die grundsätzliche Ordnung unserer Welt aus Sicht der Schamanen widerspiegeln. In der Regel bestehen Medizinräder aus mehreren Steinen, wobei jeder Stein eine andere Bedeutung hat. Der Aufbau der Steinkreise kann variieren, doch fast immer besteht solch ein Kreis aus einem inneren und einem äußeren Kreis, die über so genannte Pfade, die aus drei Steinen bestehen, miteinander verbunden werden.

Der innere Kreis

Stehen Sie momentan im inneren Kreis, zeigt diese Stelle Ihr aktuelles Lebensziel an.

1

Die 1 steht im Zentrum des Rades und symbolisiert die Kraft der Schöpfung oder den Großen Geist. Dieser Stein sollte entweder größer oder schöner als die übrigen sein. Verlassen Sie sich bei der Auswahl auf Ihre Intuition. Das Zentrum ist der Anfang und gleichzeitig das Ende des Lebens. Man kommt alleine auf die Erde und geht alleine. Das Zentrum ist das so genannte Lebenstor.

2

Die zweite Stelle im Medizinrad symbolisiert die Mutter Erde. Dieser Platz steht für die Liebe, die Wärme und den Neuanfang. Dieser Platz im Medizinrad lehrt uns, die weibliche Energie in uns zu finden, wobei dies sowohl für Frauen wie auch für Männer gilt, denn wir alle tragen männliche und weibliche Energien in uns.

Das Tier, das mit der Mutter Erde assoziiert wird, ist die Schildkröte, bei sibirischen Schamanen auch der Drache.
Diese Stelle im Rad steht für die Mutter.

3

Der dritte Platz im Rad symbolisiert die Sonne und steht für Energie, Wachstum und Klarheit. Diese Stelle lehrt uns, die männliche Energie in uns zu finden, wobei dies sowohl für Frauen wie auch für Männer gilt, denn wir alle tragen männliche und weibliche Energien in uns. Lernen Sie, Grenzen zu setzen sowie »Nein« zu sagen.
Das Tier, das mit der Sonne assoziiert wird, ist die Eidechse, bei sibirischen Schamanen auch der Waran.
Das Familienmitglied, das mit der Sonne assoziiert wird, ist der Vater.

4

Der vierte Platz im Medizinrad symbolisiert den Mond. Er steht für Vertrauen und Aufnahmefähigkeit. Dieser Platz im Medizinrad lehrt uns, zu teilen und das Leben zu lieben.

Die Tiere, die mit dem Mond assoziiert werden, sind die Seetaucher.
Diese Stelle im Rad steht für die Ur- und Großeltern, besonders für die Großmütter.

Die Elemente

Stehen Sie momentan bei den Elementen, zeigt diese Stelle Ihr aktuelles Lebensziel an.

5

Der fünfte Platz im Rad symbolisiert das Element Erde. Er steht für eine solide, aber langsame Kraft und den Prozess des Wachstums. Es ist der Ort, an dem Sie die tiefe Bedeutung der Verbindung zur Erde kennen lernen können. Dieser Platz im Medizinrad sagt: »Erde dich!« Widmen Sie sich dem Alltag. Finden Sie Ihre Stabilität.

6

Der sechste Platz im Rad symbolisiert das Element Wasser. Er symbolisiert Transformation,

Veränderung, Bewegung und Erfrischung und steht für neue Kräfte. Schamanen sagen: «Schnelles Wasser trägt deine Sorgen weg.« Dieser Stein kann jedoch auch Trauer bedeuten und sagt: »Verarbeite deine Probleme!«

7

Der siebte Platz symbolisiert das Element Feuer. Er steht für Vitalität und die innere Wandlung. Das Feuer ist zweischneidig: Es kann den Menschen helfen, aber es kann sie auch zerstören. Er hilft, die Realität zu erkennen und alte Muster abzulegen. Der Stein sagt: »Tue etwas für dich!«

8

Der achte Platz symbolisiert das Element Luft. Er symbolisiert schnelle Wandlung, Bewegung, Veränderung, Freiheit und eventuell die Zerstörung von alten Mustern. Denn Luft kann als leichte Brise oder als Orkan wirken, Luft bringt Erfrischung, aber davor eventuell auch ein Gewitter.

Der äussere Kreis

Stehen Sie momentan im äußeren Kreis, zeigt diese Stelle Ihr aktuelles Lebensziel an.

9

Der neunte Platz symbolisiert den Norden und steht für Ruhe und Winterschlaf, aber auch für ein tief greifendes Wachstum sowie für Tod und Geburt. Das zugeordnete Element ist die Luft. Diese Stellung sagt: »Denke nicht an das Alter, bewege dich!«

10

Der zehnte Platz symbolisiert den Osten und steht für den Neuanfang, die Zeit der Unschuld und des Erwachens. Das zugeordnete Element ist das Feuer. Diese Stellung sagt: »Analysiere deine Kindheit!«

11

Der elfte Platz symbolisiert den Süden und steht für Wachstum. Es wird etwas weggenommen, wonach man sich sehnt, dann wird es zurückgegeben. Sie werden geprüft, indem etwas verloren geht. Aber keine Angst, nach karmischen Gesetzen wird nur das weggenommen, was Sie momentan bremst, und zum Ausgleich erhalten Sie immer etwas Neues. Es ist eine Prüfung des Schicksals. Das zugeordnete Element ist das Wasser, es sagt: »Bewege dich mit dem Leben!«

12

Der zwölfte Platz symbolisiert den Westen und steht für Verantwortung, Stärke, Erwachsensein, Kompetenz und Mut. Das zugeordnete Element ist die Erde. Diese Stellung sagt: »Sei reif!«

Die zwölf Monde

Sehen Sie nach, in welchem Mond Sie geboren sind, und erkennen Sie Ihr Lebensziel.

13

Schneegans (Steinbock)
Dieser Mond befindet sich im Norden und stimuliert kosmische Energien. Hier geht es um spirituelle Entwicklung.

14

Otter (Wassermann)
Dieser Mond hilft, sich selbst zu lieben, zu lernen und zu kommunizieren. Man erlebt eine Reinigung der Gefühle.

15

Puma (Fische)
Der Puma lehrt die Menschen die wahre Bedeutung von Werten und bringt Veränderung.

16

Habicht (Widder)
Der Habicht lehrt uns, wie wichtig die Emotionen für uns sind. Er steht für Frühlingsgefühle.

17

Biber (Stier)
Der Biber lehrt uns, für sich selbst und für andere zu sorgen. Wichtig ist dabei jedoch vor allem, sich selbst nicht zu vergessen.

18

Hirsch (Zwillinge)
Der Hirsch lehrt uns, die eigene Persönlichkeit zum Ausdruck zu bringen. Glauben Sie an sich, und setzen Sie das Geplante in die Tat um.

19

Specht (Krebs)
Der Specht lehrt uns, eine starke Verbindung zum eigenen Herzen zu spüren und sich selbst auszudrücken. Außerdem steht er für Energiearbeit und tief sitzende Gefühle. Lassen Sie Ihren Gefühlen freien Lauf.

20

Stör (Löwe)
Der Stör lehrt uns, aus der Mitte des Herzens zu leben und Mitgefühl zu zeigen. Sie können nur etwas ernten, wenn Sie daran glauben.

21

Bär (Jungfrau)
Der Bär lehrt uns, ein gutes Urteilsvermögen und Gerechtigkeit zu entwickeln. Bleiben Sie gerecht, und Ihre Mühen werden Früchte tragen.

22

Rabe (Waage)
Der Rabe lehrt uns, Unentschlossenheit und Wankelmütigkeit zu überwinden. Erlauben Sie sich etwas Außergewöhnliches.

23

Schlange (Skorpion)
Die Schlange lehrt uns, unsere Energie zu konzentrieren und zu heilen.

24

Elch (Schütze)
Der Elch lehrt uns, die Gedanken und Gefühle anderer zu fühlen und überlegt zu handeln. Nehmen Sie sich die Zeit, Ihre Aktionen zu überdenken.

Die Seelenpfade und Karmaplätze

Stehen Sie im Moment bei Seelenpfaden oder auf einem Karmaplatz, zeigt diese Stelle Ihr karmisches Lebensziel an.

Der Pfad der Seele im Norden

25

Reinigung
Dieser Stein hilft bei der physischen Heilung.

26

Erneuerung
Dieser Stein kreiert eine gesündere Einstellung zum eigenen Umfeld.

27

Reinheit
Dieser Stein bringt Frische in Ihr Leben und lehrt Sie, die Welt mit den Augen eines Kindes zu sehen. Versuchen Sie, den Alltag zu vergessen.

Der Pfad der Seele im Osten

28

Klarheit
Dieser Stein lehrt uns, uns selbst zu entspannen und fallen zu lassen und einige Lebensgeheimnisse zu lüften.

29

Weisheit
Dieser Stein lehrt uns, Weisheit und Verständnis für andere sowie für uns selbst zu entwickeln.

30

Erleuchtung
Dieser Stein bringt neues Wissen und Erleuchtung.

Der Pfad der Seele im Süden

31

Wachstum
Dieser Stein bringt Ihnen seelisches Wachstum und eine positive Einstellung zum Leben. Sie durchleben eine Entwicklung. Der Stein lehrt uns, unsere Persönlichkeit zu erweitern und zu zeigen. Verstecken Sie sich nicht.

32

Vertrauen
Dieser Stein steht für Vertrauen und Zuversicht. Er lehrt uns Selbstsicherheit und Selbstvertrauen.

33

Liebe
Dieser Stein steht für Vereinigung und Berührung. Er lehrt uns, unsere Beziehungen im Außen zu leben.

Der Pfad der Seele im Westen

34

Erfahrung

Dieser Stein symbolisiert Erfahrung. Er lehrt uns, zu handeln und das Geplante in die Tat umzusetzen.

35

Einsicht

Dieser Stein lehrt uns, nach innen zu schauen. Erkennen Sie Ihre Seele. Fragen Sie sich: »Was tut mir gut?«

36

Stärke

Dieser Stein steht für Macht. Er lehrt uns, Stärke zu gewinnen und mächtig zu werden.

Karmaplätze

37

Ich-Bewusstsein
Dieser Stein hilft Ihnen, sich selbst und Ihre Lebensziele zu erkennen.

38

Wir-Bewusstsein
Dieser Stein lernt Sie, zu kommunizieren und sich auszutauschen.

39

Karma (negative Einflüsse auf Ihr Leben durch eigene seelische Erfahrungen aus den Vorleben). Dieser Stein zeigt, dass neue karmische Aufgaben bevorstehen.

40

Dharma (positive Einflüsse auf Ihr Leben durch eigene seelische Erfahrungen aus den Vorleben). Dieser Stein zeigt Ihnen die guten karmischen Einflüsse auf Ihr Leben.

Abb. 6: Einfaches Medizinrad auf Lanzarote

Die 12 Monde

Die zwölf Monde im schamanischen Horoskop zeigen uns, ganz ähnlich wie in der Astrologie, unsere grundlegenden Anlagen und Talente auf. So können Sie Ihre wahren Ziele erkennen und sich selbst besser kennen lernen.

Der 1. Mond

22. Dezember - 20. Januar

Die Schneegans – Steinbock

Birke

Birken findet man auf allen Kontinenten, und in Russland benutzt man die Rinde, die Blätter,

das Holz, die Wurzeln sowie den Saft des Baumes, der als Getränk Verwendung findet. Er wirkt heilsam bei Verdauungsbeschwerden und schmeckt zudem sehr gut.
Bei Schwitzritualen in den Banjas werden die Birkenblätter auf die heißen Steine gelegt, und die Körper werden mit Birkenzweigen abgeklopft, um den Kreislauf anzuregen und Giftstoffe aus dem Körper zu leiten. Bei schamanischen Ritualen in den USA hat die Birke eine ähnliche Verwendung erfahren.

Der Quarzstein

Quarzsteine sind meist klar und Steine der Kraft, wobei man viele verschiedene Quarze unterscheiden kann. Manche Autoren behaupten, dass der Untergang von Atlantis auf den Missbrauch von Quarzsteinen zurückzuführen ist. Quarz wurde von den Bewohnern von Atlantis als Energiequelle benutzt. Quarz wird auch als Stein der Wahrheit bezeichnet. Bis heute benutzen ihn viele Wahrsager als Kugel, in der man die Zukunft erkennen kann. Genauso können Schneegans-

Menschen viele Situationen durchleuchten und gut einordnen.
Ich selbst verwende Quarze zur Reinigung und empfehle sie meinen Schülern auch zur Heilung von seelischen Leiden.

Weiß

Weiß ist die Farbe der Reinigung. Weiß ist die Summe aller Farben sowie die Farbe der Harmonie und der Vollkommenheit.

Charakteristika

Schneegans-Menschen sind in der Lage, die universellen Kräfte weiterzuleiten. Sie sind spirituell veranlagt und anderen gegenüber meist etwas reserviert. Schneegans-Menschen tragen viel Weisheit in sich und fühlen sich zu Traditionen hingezogen. Deshalb nehmen sie Veränderungen, die notwendig sind, nur sehr schwer an. Schneegans-Menschen haben die Fähigkeit, die Dinge sowie die Ursachen dafür klar zu erkennen, dadurch können sie Menschen gut beraten.

Möchten Sie noch mehr über die Gewohnheiten des Schneegans-Menschen wissen, dann beobachten Sie einfach die Schneegänse selbst. Sie sind gesellig, aufrichtig und angenehm. Ich beobachtete einmal eine ganze Familie dieser Gänse während meines letzten Seminars in der Dominikanischen Republik. Sie hielten zusammen und teilten das Futter mit ihren Kindern - ein sehr bewegendes Bild.

Der 2. Mond

21. Januar - 19. Februar

Der Otter – Wassermann

Zitterpappel

Die Zitterpappel besitzt heilende Eigenschaften und eignet sich als anregendes und harntreibendes Mittel. In Usbekistan, meiner Heimat, gilt die Pappel als heiliger Baum. Sie steht für das Höchste und hilft, gechannelte Botschaften weiterzugeben.

Silber (Metall)

Silber ist eines der begehrtesten Metalle und ein Schutz-, Heil- und Schmuckmetall. Silber verstärkt die Wirkung der Heilsteine und wirkt antibakteriell, weswegen es gegen Pilze und bei Hauterkrankungen und Verdauungsschwierigkeiten eingesetzt wird.
Silber ist in der Lage, die Intuition zu aktivieren und zu verstärken, nicht umsonst tragen viele Wahrsager Silberschmuck.

Silber (Farbe)

Silber wirkt glänzend und edel. Silber bringt Ruhe und eine Reinigung der Gefühle, es steht für die Heilung der Seele.

Charakteristika

Wie das Silber sind Otter-Menschen sehr weich sowie geschmeidig und können sich allen Situationen sehr gut anpassen. Sie haben tausend Ideen und können andere gut managen. Sie scheinen aufgrund ihrer Menschenliebe eine gewisse Aura zu haben, die andere Menschen anzieht. Sie sind gute Freunde, und man kann auf sie zählen. Otter-Menschen werden hochgeschätzt und tragen bestimmte sensitive Fähigkeiten in sich. Sie sind in der Lage, die spirituellen Kräfte in die Tat umzusetzen und fließen zu lassen. Außerdem sind sie sehr emotional, biegsam und empfindsam, dabei aber nicht immer in der Lage, anderen Menschen ihre Gefühle zu zeigen.

Manche Otter-Menschen lieben es dagegen zu diskutieren, wobei diese Diskussionen über alle möglichen Themen geführt werden können. Diese Menschen führen ein gemütliches, aber aktives Familienleben und sind sehr human veranlagt, es sind Herzensmenschen. Die Otter-Menschen geraten allerdings oft auf einen falschen Pfad, weil sie zu gutgläubig oder sogar verträumt sind.

Der 3. Mond

20. Februar - 20. März

Der Puma – Fische

Wegerich

Der Wegerich ist eine Heilpflanze, die schmerzlindernd wirkt. Wegerich hat zudem eine blutreinigende Wirkung und wird auch als Tee angewendet. Äußerlich angewandt hilft er, alle Formen von Hauterkrankungen zu heilen.
In jüngeren Jahren durfte ich von meiner Oma Walja einiges über Heilkräuter erfahren, und der Wegerich stand bei ihr immer an erster Stelle als Heilmittel gegen Wunden und als Blutstillmittel.

Türkis (Stein)

Der Türkis symbolisiert den Himmel, und das indianische Volk, das den Stein sehr verehrt, nennt ihn sogar »Himmelsstern«. Auch in Russland ist dieser Stein sehr begehrt, denn er schützt seinen Besitzer vor Gefahren und verleiht ihm Kraft. Daneben hilft er bei Neurosen, Impotenz und Schweißausbrüchen. Er hilft ferner dabei, das eigene Schicksal und fremde Beeinflussung zu meistern. Als Essenz hilft der Türkis gegen Kopfschmerzen und Depressionen.

Türkis (Farbe)

Die blaugrüne Farbe symbolisiert geistiges Verlangen, die künstlerische und spirituelle Entwicklung sowie ein Gefühl der seelischen Freiheit.

Charakteristika

Puma-Menschen haben die Anlage zu vielen heilerischen Fähigkeiten. Ja, das sind geborene Heiler. Dabei spielt es keine Rolle, wie sie diese Fähigkeit ausleben: Einige davon gehen den schulmedizinischen Weg, andere werden Psychologen oder Schamanen. Sie können überdies gute Lehrer sein und bemühen sich, das Leben anderer zu sichern. Diese Menschen sind daher oft im spirituellen Bereich tätig. Die Puma-Menschen sind schnell, kräftig und ziehen sich gerne zurück. Sie sind äußerst empfindsam und brauchen, wie der Puma, ein eigenes Revier, einen geheimen Ort oder ein Zimmer, in das sie sich zurückziehen können. Sie können auch schweigsam wirken, besonders wenn es sich um persönliche Angelegenheiten handelt.

Der 4. Mond

21. März - 20. April

Der Habicht – Widder

Löwenzahn

Der Löwenzahn wird von Naturheilkundigen vieler Kulturen verwendet, da die Wurzeln und die Blätter dieser Pflanze zur Reinigung der Organe oder auch als Beruhigungsmittel (die Wurzel) genutzt werden können.

Der Feueropal

Der Feueropal kommt in fast allen Farbschattierungen vor und wird in fast allen Teilen der

Erde gefunden. Es ist ein starker, schöner, sehr magischer Stein, der nicht nur Stärke verleiht und die Aura schützt, sondern auch heilen kann: Feueropale heilen das Herz und regulieren den Kreislauf. Der Stein symbolisiert Hoffnung.

Gelb

Die Farbe Gelb ist die Farbe der Sonne und der Energie. Diese Farbe regt die Gedanken und die Intelligenz an. Gelb fegt zudem Trübsinn einfach weg.

Charakteristika

Habicht-Menschen können viel Lebenskraft ausstrahlen und Energiearbeit leisten. Sie sind in der Lage, Neues ins Leben zu rufen und ihre Vorhaben auch umzusetzen. Diese Menschen können eine Idee in die Tat umsetzen, ohne jemanden um Hilfe zu bitten. Sie sind die Hoffnungsträger unserer Zeit, denn sie haben viel Kraft, andere Menschen zu führen und zu inspirieren. Sie sind offen, klar und führend, Sie bevorzugen Struktur und denken sehr logisch. Habicht-Menschen durchleben oft Höhen und Tiefen, ohne jedoch Angst zu verspüren. Allerdings haben sie nicht immer viel Geduld.

Der 5. Mond

21. April - 21. Mai

Der Biber – Stier

Eiche

Die Eiche ist ein starker Baum, den bereits unsere Ahnen wertschätzten. Er vereint Schönheit und Nützlichkeit in sich und wird als Heilpflanze bei Hauterkrankungen verwendet.

Chrysokoll

Der Chrysokoll reinigt Herz und Seele des Menschen. Dieser Stein schützt die eigene Kraft und verleiht Mut.

Blau

Blau steht für physische Ruhe und Zufriedenheit und wird oft zum Chakrenausgleich benutzt. Blau beseitigt überdies Nervosität und hilft zu entspannen.

Charakteristika

Biber-Menschen sind in der Lage, die Kräfte des Universums in sich zu vereinen. Diese Menschen sind erdverbunden und oft karmisch belastet. Sie besitzen jedoch eine gute Gesundheit sowie Widerstandskraft und können somit sehr viel Belastung aushalten.
Es sind gute Freunde und treue Gefährten, die andere Menschen unterstützen und stabilisieren können. Sie besitzen die erstaunliche Gabe, mit allen Menschen zurechtzukommen, und sie würden ihr letztes Hemd für jemanden geben, obwohl sie nicht immer dafür belohnt werden. Sie sind ferner liebevoll, anpassungsfähig und offen.
Wie der Biber fühlen sich die Biber-Menschen zum Wasser hingezogen. Sie sollten lernen, ihre Gefühle offener zum Ausdruck zu bringen.

Daneben werden diese Menschen oft gezwungen, nach geistigen Werten zu suchen und die materielle Ebene des Lebens zu überwinden, was ihnen nicht immer leichtfällt.

Der 6. Mond

22. Mai - 21. Juni

Der Hirsch – Zwillinge

Schafgarbe

Die Scharfgarbe ist eine sehr nützliche Pflanze, die als Tonikum für Erschöpfungszustände und bei Verdauungsstörungen verwendet wird. Sie ist nervenstärkend, blutreinigend und harntreibend.

Der Moosachat

Der Moosachat ist ein sehr starker Heilstein gegen Ängste und gehört zu den ältesten Edel- und Heilsteinen der Welt. Schon in der Antike wurden Moosachate zu Amuletten verarbeitet, denn der Stein schützt während der Schwangerschaft die Mutter sowie das Kind vor verschiedenen Beschwerden.

Weiß und Grün

Die Farben Weiß und Grün sind beides Heilfarben. Weiß symbolisiert das Neue sowie die Reinheit, Grün steht für die Natur und die Heilung.

Charakteristika

Hirsch-Menschen haben besondere Heilkräfte und außergewöhnliche Fähigkeiten. Sie sehen oft schick aus und fühlen sich selbst zur Schönheit hingezogen, sind jedoch nicht nur kreativ, sondern oft auch wechselhaft. Sie haben ständig viele Ideen, können sie aber leider nicht immer in die Tat umsetzen. Es sind gute Kameraden, die über die besondere Fähigkeit verfügen, sich geistig mit anderen Menschen zu verbinden. Hirsch-Menschen wirken stärkend auf ihre Umgebung und helfen gerne anderen, können aber nicht immer mit dem eigenen Schicksal umgehen.

Sie sind gute Redner und können viele Dinge gleichzeitig tun. Hirsch-Menschen fühlen sich am wohlsten, wenn sie viel Zeit in der Natur verbringen, viele bevorzugen jedoch dennoch die Großstädte. Hirsch-Menschen sind dabei stets bewegliche Wesen, die häufig umziehen und gerne in ferne Länder fliegen.

Der 7. Mond

22. Juni - 22. Juli

Der Specht – Krebs

Heckenrose

Die Heckenrose (Hagebutte) ist eine vitaminhaltige Pflanze, die hilft bei Erkältungskrankheiten, Gallen- und Nierensteinen und bei der Blutreinigung.

Karneol

Der Karneol gehört zu der Familie der Chalzedone und wird beinahe in allen Teilen der

Welt gefunden. Der Karneol gilt als Liebesbezeugung, gibt uns Kraft und wirkt bei Appetitlosigkeit und Asthma. Daneben reguliert er den Blutdruck und hilft bei Bronchitis und Darmerkrankungen. Viele Heiler empfehlen den Stein auch gegen Erkältungen und bei Fieber.

Rosa

Die Farbe Rosa ist die Farbe des Universums bzw. der allheilenden Liebe.

Charakteristika

Specht-Menschen sind herzlich und können ihre Umgebung bereichern. Sie sind sehr häusliche Menschen mit der Fähigkeit, Gefühle zu zeigen. Sie verlieben sich schnell, sind ausgewogen, ruhig und voller Liebe für ihre Mitmenschen, besonders verbunden fühlen sie sich mit ihren Familienmitgliedern und Kindern. Sie ziehen die Menschen an und helfen gern, stehen jedoch nicht immer im Einklang mit sich selbst. Specht-Menschen sind außerdem sehr mutig sowie gute Eltern, die ihre

Kinder mit Liebe erziehen. Specht-Menschen können jedoch auch etwas Wildes an sich haben. Sie sind ferner selbstständig, analysieren gern und können schnell Entscheidungen treffen.

Der 8. Mond

23. Juli - 23. August

Der Stör – Löwe

Himbeere

Die Himbeere hat mehrere heilende Eigenschaften: Sie wirkt reinigend und hilft gegen Halsentzündungen und Fieber oder als Kompresse bei blutenden Wunden.

Granat und Eisen

Beide zeichnet ein ausgeprägter Glanz und eine gewisse Härte aus. Der Granat bringt seinem Träger Selbstvertrauen. Er kräftigt das Herz und schützt vor Infarkten. Des Weiteren wirkt der Granat auf die Haut, die Knochen und das Skelett. Ich empfehle, den Stein unter das Kopfkissen zu legen, so verhilft er zu gesunden Knochen und heilt die Wirbelsäule.

Rot

Bei Rot assoziieren viele Menschen Blut. Daneben die Farbe sie das Wurzelchakra intakt und dadurch auch die sexuellen Energien im Gleichgewicht. Rot beseitigt zudem Müdigkeit und macht dynamisch.

Charakteristika

Stör-Menschen sind voller Gefühle, oft sehr freundlich und herzlich sowie gute Zuhörer und Berater. Sie besitzen eine gute Intuition, und viele von ihnen verfügen sogar über hellseherische Fähigkeiten. Stör-Menschen erkennen vorzeitig Gefahren und haben die Fähigkeit, Dinge zu sagen, die Massen bewegen können. Sie stehen daher oft in der Öffentlichkeit, haben viel Charme und können sehr viel Zärtlichkeit zeigen. Sie wagen daneben viele Dinge, die andere nicht einmal zu denken wagen.

Stör-Menschen strahlen nach außen hin meist viel Güte und Großzügigkeit aus, können aber auch Aggressionen in sich tragen oder Gefühle verbergen. Denn wie der Stör besitzen diese Menschen nicht nur eine enorme Schnelligkeit, sondern auch einen Schutzpanzer. Dadurch wirken sie oft oberflächlich. Generell haben sie jedoch eine warme Ausstrahlung und sind sehr stabil sowie energisch.

Der 9. Mond

24. August - 23. September

Der Bär – Jungfrau

Veilchen

Das Veilchen symbolisiert die Zärtlichkeit des menschlichen Herzens. Sowohl die Blätter als auch die Blüten des Veilchens werden in der Medizin als schleimlösendes Mittel benutzt.

Amethyst

Amethyste sind sehr wertvoll. Sie symbolisieren den Verstand und haben die Kraft, ihren Träger zu stärken. Die Griechen glaubten, dass der Amethyst seinen Träger vor Zauberei, bösen Kräften und negativen Gedanken bewahren kann. Des Weiteren beschützt er die Seele und bringt ihr Freude.

Purpur

Purpur ist die Farbe der Inspiration und der Spiritualität. Sie befreit von Geiz und verhilft zu mehr Freude.

Charakteristika

Bär-Menschen haben einen gesunden Menschenverstand und verhalten sich anderen gegenüber sehr gerecht. Sie haben zudem die Kraft, sich selbst und ihre Freunde vor Gefahren zu bewahren. Bär-Menschen sind in der Regel sehr genau, sie gehen ins Detail und geben geschickte Redner ab. Sie streben ferner nach Harmonie. Oft setzen sie sich Grenzen, und wenn Bär-Menschen aus ihrem Gleich-

gewicht geraten, werden sie häufig seelisch krank. Einige Bär-Menschen haben überdies eine strenge Moral. Sie dulden niemanden neben sich und wollen Fortschritte sowie Resultate sehen, und sie können anderen gegenüber zynisch und kritisch auftreten.
Sie sind stark mit der Erde verwurzelt, praktisch begabt und oft geldbezogen. Andererseits sind sie neugierig und haben eine fröhliche Natur. Sie belästigen selten andere Menschen und sind mehr auf sich selbst fixiert.

Der 10. Mond

24. September - 23. Oktober

Der Rabe – Waage

Königskerze

Die Königskerze ist eine außergewöhnliche Pflanze, die auch Wollblume genannt wird. In aller Welt wird sie zu Heilzwecken benutzt, denn aus den Blättern der Pflanze kann man einen Tee zur Beruhigung oder gegen Verdauungsbeschwerden zubereiten. Die Königskerze wird teilweise auch gegen Lungen- und Herzbeschwerden verwendet.

Jaspis und Heliotrop

Beide Steine gelten als Heilsteine. Der Jaspis kommt in vielen Farbschattierungen vor, und der Blutjaspis wird oft als Heliotrop bezeichnet. Er besitzt die Kraft, die Sonnenwärme weiterzuleiten. Heliotrop/Blutjaspis wurde schon von Hildegard von Bingen eingesetzt, weshalb der Stein auch Hildegard-Jaspis genannt wird. Er symbolisiert das Blut der Erde und hilft bei Ohrensausen. Empfohlen wird er zudem bei Eisenmangel, gegen Alpträume und in der Winterzeit. Dem Jaspis werden auch viele magische Kräfte zugeschrieben. Alle Formen des Jaspis spenden ihrem Besitzer Energie und Mut.

Braun

Die Farbe Braun spendet viel irdische Kraft und symbolisiert Erneuerung. Diese Farbe besitzt die Fähigkeit, den Menschen zu helfen und verleiht Standhaftigkeit. Braun beseitigt Mutlosigkeit und verhilft zu mehr Konzentration.

Charakteristika

Rabe-Menschen können verschiedene Erscheinungsformen haben. Sie sind gütig und liebevoll, können aber anderen gegenüber auch rücksichtslos wirken. Ignorieren Sie nie einen Rabe-Menschen, denn sollten sie von den anderen nicht geschätzt werden, leiden sie unter Depressionen und Verwirrung. Sie sollten versuchen, sich besser mit der Erde zu verwurzeln.

Rabe-Menschen besitzen große psychische Kräfte und sind dadurch in der Lage, das Leben anderer zu beeinflussen, und es sind gute Therapeuten. Viele arbeiten deshalb im medizinischen oder psychologischen Bereich. Sie können sich jedoch nicht immer schnell entscheiden. Der Rabe gilt als Symbol des Gleichgewichts. Rabe-Menschen sind äußerst vorsichtige Menschen, die jedoch nicht alleine sein können.

Der 11. Mond

24. Oktober - 22. November

Die Schlange – Skorpion

Distel

Die Distel ist eine stachelige Pflanze, deren Wurzel geschält und gegessen werden kann. Diese Pflanze hilft gegen Verdauungsstörungen und gilt als Allheilmittel, das so gut wie alle Krankheiten kurieren kann.

Kupfer und Malachit

Beide werden seit alters her für die Herstellung von Werkzeugen und Schmuck verwendet, und beiden werden besondere Kräfte zugeschrieben. Kupfer ist gut für die Gelenke,

Malachit ist ein sehr starker Schutzstein. Er ist eigentlich ein Kupfer-Karbonat, ist grün gefärbt und hat einen tollen Glanz. Der Malachit kommt, wie das Kupfer, in den meisten Teilen der USA und Russlands vor. Beide Mineralien werden von Schamanen beider Kontinente verwendet.

Orange

Die Farbe Orange symbolisiert den vitalen und intellektuellen Menschen, der stolz auf seine geleistete Arbeit ist. Orange macht wach und schenkt Energie.

Charakteristika

Schlange-Menschen haben die Eigenschaft, ihre Herzenswärme gleichmäßig über ihre Mitmenschen zu verteilen. Sie sind in der Lage, in allen Bereichen, in denen sie sich bewegen, Veränderungen herbeizuführen, und sie können andere beeinflussen. Sie selbst sind jedoch nicht immer anpassungsfähig. Viele von ihnen sind mit natürlichen Heilkräften auf die Welt gekommen und können anderen helfen, gesund zu werden. Schlange-Menschen besitzen daneben besondere spirituelle Kräfte, sie sind sehr empfindsam und können sich erfolgreich durchsetzen. Teilweise wirken sie dabei stur und unzugänglich, und auch die Eifersucht haben sie nicht immer im Griff. Wenn sie sich verletzt fühlen, können sie andere Menschen psychisch verletzen und beleidigen.

Diese Menschen kennen fast sämtliche emotionalen Höhen und Tiefen und haben die Fähigkeit, das Leben zu analysieren. Sie verfügen über viel Selbstkontrolle, und sie spüren, ob ihnen ein Mensch wohlgesonnen ist oder nicht. In der Regel brauchen sie lange, um sich anderen zu öffnen, weshalb diese Menschen oft missverstanden werden.

Der 12. Mond

23. November - 21. Dezember

Der Elch – Schütze

Schwarzfichte

Die Schwarzfichte ist ein Baum, der Kraft und Heilung symbolisiert. Die immergrünen Bäume sind Vitamin-C-reich und medizinisch wertvoll. Es gibt Fichtenöle, Fichtenessenzen und Fichtenbäder.

Obsidian

Unter den Obsidianen ist der Schneeflockenobsidian der verbreitetste und wohl bekannteste Heilstein, er lindert virale, bakterielle und Pilzerkrankungen, auch Entzündungen an Magen, Darm und Blinddarm. Der Obsidian hat daneben die Kraft, seinem Träger hellfühlige Eigenschaften zu verleihen.

Er besitzt rasiermesserscharfe Kanten und sollte daher mit Vorsicht behandelt werden.

Schwarz

Die Farbe Schwarz ist die Farbe der Nacht und der Trauer. Diese Farbe symbolisiert ferner die Kraft der Hingabe sowie Geheimnisse.

Charakteristika

Elch-Menschen können sowohl hart als auch geheimnisvoll sein. Sie besitzen einen inneren Glanz der Seele, können sich aber nur schlecht auf neue Situationen einstellen. Diese Menschen sind ein guter Spiegel für ihre Umwelt, und sie verfügen über die Fähigkeit, den wahren Kern einer Sache zu erkennen. Sie besitzen daneben ein umfassendes Wissen über die Energiegesetze des Universums und können dieses Wissen auch in die Tat umsetzen. Elch-Menschen besitzen einen angeborenen Gerechtigkeitssinn, sind selbstreflexiv und haben eine stark ausgeprägte Intuition. Elch-Menschen können daneben eine majestätische Ausstrahlung haben und finden sich oft in der Position eines (spirituellen) Lehrers. Sie haben eine starke Anziehungskraft und versuchen stets, im Einklang mit ihrer Umwelt zu sein.

Die Elemente und die 12 Monde

Wie in der klassischen Astrologie wird jeder Monat von einem Element dominiert: Feuer, Erde, Luft und Wasser. Demnach gibt es immer drei Monate, die von einem Element beherrscht werden. Hier eine Auflistung über die einzelnen Zuordnungen:

Geburtstotem: Stör, Habicht, Elch
Element: *Feuer*
Himmelsrichtung: *Osten*
Energiequalität: *Veränderung und Vitalität*

Geburtstotem: Schneegans, Bär, Biber
Element: *Erde*
Himmelsrichtung: *Westen*
Energiequalität: *Stabilität und Ausdauer*

Geburtstotem: Rabe, Otter, Hirsch
Element: *Luft*
Himmelsrichtung: *Norden*
Energiequalität: *Bewegung und Freiheit*

Geburtstotem: Specht, Schlange, Puma

Element: *Wasser*
Himmelsrichtung: *Süden*
Energiequalität: *Transformation und Bewegung*

Die vier Winde – Hüter des Geistes

Von großer Bedeutung, besonders bei indianischen Schamanen, sind die vier Winde, für jede Himmelsrichtung einer. Sie werden auch die »Hüter des Geistes« genannt, sie verdeutlichen die auf uns wirkenden Einflüsse und repräsentieren gleichzeitig die vier Jahres- und Tageszeiten.

Ostwind

Himmelsrichtung: *Osten*
Element: *Feuer*
Jahreszeit: *Frühling*
Tageszeit: *Morgen*
Lebensalter: *Kindheit*
Bedeutung: *Neuanfang, Kreativität, Begeisterung*

Westwind

Himmelsrichtung: *Westen*
Element: *Erde*
Jahreszeit: *Herbst*
Tageszeit: *Abend*
Lebensalter: *Erwachsenenalter*
Bedeutung: *Reife, Verantwortung, Mut*

Nordwind

Himmelsrichtung: *Norden*
Element: *Luft*
Jahreszeit: *Winter*
Tageszeit: *Nacht*
Lebensalter: *Alter*
Bedeutung: *Ruhe, Reflexion, Erkenntnis*

Südwind

Himmelsrichtung: *Süden*
Element: *Wasser*
Jahreszeit: *Sommer*
Tageszeit: *Mittag*
Lebensalter: *Jugend*
Bedeutung: *Entwicklung, Veränderung, Vertrauen*

Die Medizinräder lehren uns, dass wir selbst ein Teil von allen Elementen sind. Jeder von uns lässt sich demnach selbst als ein Medizinrad betrachten.

Die Verwendung des Medizinrades in der Praxis

Allgemeines

Wenn Sie ein größeres Medizinrad legen und sich darin aufhalten oder das kleine Medizinrad an Ihrem Kopf platzieren, dann spüren Sie sofort die Kraft der Steine, die der der Pyramidenenergien ähnelt. Schamanische Medizinräder sind sogar fast so alt wie die Pyramiden.

Ein Medizinrad ist ein Träger geheimer Kräfte, und es ist möglich, davon zu profitieren. Durch das jahrelange Arbeiten mit den Radenergien entdeckte ich seine Kräfte und lernte, wie man sie richtig einsetzt, um sich mit dem Rad Wünsche zu erfüllen oder die körpereigenen Energien zu aktivieren.

Das Rad ist geeignet:

- zur schnelleren Heilung.
- zum Energetisieren von Speisen und Kosmetika.
- zur Haltbarmachung von Speisen.
- zum Aufladen von Heilsteinen, Schmuck und Amuletten.
- zur Meditation.
- zur Anhebung der körpereigenen Energien.
- für einen besseren Schlaf.
- zur Reinigung der Räume und einzelner Plätze.
- zur Wunscherfüllung.
- zum Schutz.

Wirkung

- Eine Rasierklinge erhält innerhalb von zwölf Stunden ihre Schärfe zurück.

- ➢ Wasser wird gereinigt.
- ➢ Samen keimen schneller und werden zu kräftigen Pflanzen.
- ➢ Die Pflanzen wachsen schneller.
- ➢ Tiere werden ruhiger.
- ➢ Die Atemluft wird frischer.
- ➢ Rauch löst sich schneller auf.
- ➢ Meditation und Entspannung gelingen leichter.

Die Anwendungsmöglichkeiten

Erkennen der Lebensziele

Legen Sie das von Ihnen gebaute Medizinrad in die Mitte eines Tisches, und entscheiden Sie sich spontan für zwei Steine - mit offenen und mit geschlossenen Augen. Deuten Sie anschließend auf die Steine, wobei der erste Stein, den Sie mit offenen Augen ausgesucht haben, Ihnen sagt, welche Ziele Sie sich selbst stecken, während der Stein, der mit geschlossenen Augen ausgesucht wurde, Ihnen das tatsächliche Ziel oder das, was Sie übersehen haben, anzeigt. Der Stein, den Sie mit offenen Augen ausgesucht haben, sagt Ihnen, was Sie zunächst tun wollen, und der zweite Stein, den Sie mit geschlossenen Augen ausgewählt haben, gibt Ihnen einen Hinweis auf das Thema in Ihrem Leben, das demnächst an Aktualität gewinnen wird.

Wir stecken uns viele Ziele im Leben. Haben Sie das Gefühl, dass Sie blockiert sind, sollten Sie das Rad befragen. Es zeigt Ihnen, was Sie übersehen haben, um Ihr Ziel erreichen zu können, und es kann Ihnen aber auch aufzeigen, dass ein bestimmtes Ziel überhaupt nicht für Sie geeignet ist. Fragen Sie sich jedoch nie, was Sie falsch gemacht haben, sondern immer nur, was Sie übersehen haben könnten.

Erkennen des Tageszieles

Suchen Sie mit geschlossenen Augen nur einen Stein, er ist Ihr Tagesstein. Sie können jeden Tag, am besten morgens, einen Stein aussuchen. So sind Sie gut gerüstet für den Tag.

Grundstücks- und Hausreinigung

Sie können ein Medizinrad (aus kleinen oder großen Steinen, 16 bis 40 Steine) auch im Garten auslegen, so wird Ihr Grundstück von negativen Einflüssen und Energien gereinigt, und es wird geschützt. Sollten Sie nur eine Wohnung haben, können Sie das Rad selbstverständlich auch dort auslegen. Wo genau, spielt dabei keine Rolle. Sie werden bemerken, dass es Ihnen guttut.

Schlafplatzreinigung

Sollten Sie Schlafprobleme haben oder auch Probleme mit Ihren Nachbarn, dann legen Sie ein Medizinrad unter Ihrem Bett aus, und lassen Sie es einfach wirken.

Heilen

Mit dem Medizinrad kann man auch die Selbstheilungskräfte aktivieren. Legen Sie das Rad auf Ihr Herzchakra (Herzgegend), oder bauen Sie ein Medizinrad aus verschiedenen Elementen wie Steinen, Pflanzen, Federn oder auch aus Geschirr oder Souvenirs.

Halten Sie sich in solch einem großen Rad 30 Minuten täglich auf, bis es Ihnen besser geht. Einige Seminarteilnehmer der Vadim-Tschenze-Akademie berichteten, dass sie dabei ein Kribbeln, Wärme oder Geborgenheit empfanden. Spüren Sie die Kraft.

Los- und Zulassen

Um etwas besser los- oder zuzulassen, können Sie ebenfalls das Medizinrad zu Hilfe nehmen. Legen Sie es dazu 30 Minuten täglich auf Ihr Wurzelchakra (Unterleib) oder im Liegen unter Ihren Kopf, bis Sie sich besser fühlen.

Erkennen Sie die Energien der Geburtszeit

Legen Sie aus verschiedenen Gegenständen ein Rad auf dem Boden aus. Das können persönliche Sachen wie Kugelschreiber, Kleidung, Geschirr oder Ähnliches sein.
Gehen Sie nun an die Stelle Ihrer Geburt (der Stein der Geburt nach dem Sternzeichen, Steine bzw. persönliche Dinge 13 bis 24), und genießen Sie die Energie. Was fühlen Sie?

Suchen Sie sich dann eine neue Stelle aus, die Stelle Ihres Aszendenten (der Aszendent ergibt sich aus Ihrer Geburtszeit und dem Geburtsort, fragen Sie am besten bei einem Astrologen nach). Genießen Sie diese Energie, und fühlen Sie nach, an welcher Stelle Sie sich besser fühlen: an der Stelle des Sternzeichens oder an der Stelle des Aszendenten? Daraus können Sie ableiten, was Sie im Moment mehr ausleben: Ihr Sternzeichen, d. h. Ihren eigentlichen Wesenskern, oder Ihren Aszendenten, d. h. Ihren Selbstausdruck, Ihr Auftreten im Außen.
Suchen Sie sich anschließend einen weiteren Stein aus. Er verdeutlicht Ihnen Ihre momentane Lebensaufgabe.

Ausgleich der Chakren und der Aura

Die Aura ist unser Schutzmantel, der sich um unsere Körper legt, die Chakren sind unsere Energiezentren. Es gibt sieben Hauptchakren, die häufig verstopft oder energetisch unterversorgt sein können. Sie können Ihre Aura sowie diese Zentren jedoch einfach ausgleichen, indem Sie sich in dem großen Medizinrad jeweils fünf Minuten an bestimmten Stellen aufhalten:

Scheitelchakra

Symptom: *Kreislaufbeschwerden*
Entsprechende Farbe: *transparent*
Halten Sie sich bei dem Stein Nr. 1 auf.

Stirnchakra

Symptom: *psychische Störungen*
Entsprechende Farbe: *Lila, Violett*
Halten Sie sich bei den Steinen Nr. 39 und 40 auf.

Kehlkopfchakra

Symptom: *Muskel- und Gelenkschmerzen*
Entsprechende Farbe: *Blau*
Halten Sie sich bei den Steinen Nr. 9, 10, 11 und 12 auf.

Herzchakra

Symptom: *Herzschwere und Lungenprobleme*
Entsprechende Farbe: *Grün*
Halten Sie sich bei den Steinen Nr. 13 bis 24 auf.

Solarplexuschakra

Symptom: *Verdauungsbeschwerden sowie Leber-, Blasen-, Nieren-, Magen- und Nervenleiden*
Entsprechende Farbe: *Gelb*
Halten Sie sich bei den Steinen Nr. 29, 30, 34, 35 und 36 auf.

Sakralchakra

Symptom: *sexuelle Störungen*
Entsprechende Farbe: *Orange*
Halten Sie sich bei den Steinen Nr. 31, 32 und 33 auf.

Basischakra

Symptom: *Durchblutungsstörungen*
Entsprechende Farbe: *Rot*
Halten Sie sich bei den Steinen Nr. 2 bis 8 auf.

Sollten Sie sich prophylaktisch ausgleichen wollen, dann halten Sie sich bei den Steinen Nr. 37 und 38 auf.

Familienaufstellung mit dem Medizinrad

Familiäre Beziehungen prägen uns mehr als wir ahnen, und selbst nach dem Tod einer Person plagen uns weiter ungelöste Probleme. Sogar frühere Generationen, die wir nicht einmal persönlich kennen gelernt haben, können ihre Spuren in unserem Leben hinterlassen.

Wenn die Seele krank ist, können Familienaufstellungen mit einem schamanischen Medizinrad helfen, sie verlaufen sanft und unkompliziert.

Man beginnt damit, so genannte Vertreter für die Personen, aber oft auch für sich selbst auszuwählen. Alle Personen stehen dafür im Kreis, und die Person, um die es geht, betrachtet sich alle Teilnehmer genau, bevor sie aus den Anwesenden Stellvertreter für die Familienmitglieder, Freunde oder Kollegen sowie für bereits verstorbene Menschen aus der Familie oder dem Bekanntenkreis auswählt; selbst Haustiere können berücksichtigt werden. Wenn der Klient sich für einen Stellvertreter entschieden hat, sollte er diese Person fragen, ob sie damit einverstanden ist, beispielsweise die Rolle der Mutter zu spielen. Wird dies bejaht, nimmt diese Person ihren Platz im

Medizinrad ein. Dabei sollte die Auswahl des Platzes im Rad spontan fallen.

Haben Sie alle aufgestellt, analysieren Sie Folgendes:

- Wie weit stehen die verschiedenen Personen voneinander entfernt?
- Wie weit stehen Sie selbst von den aufgestellten Personen entfernt?
- Wohin schauen sie?
- Wer steht bei wem?
- Wer steht hinter wem?
- Wer steht vor wem?

Dann lässt man der Eigendynamik einer Familienaufstellung ihren Lauf. Die Vertreter sollen ihre Gefühle äußern und sagen, wie sie sich auf ihrem Platz fühlen. Sie sollen einander eine Frage stellen und den Platz wechseln, wenn sie meinen, es ginge ihnen dort besser.

Analysieren Sie weiter:

- Wie weit stehen verschiedene Personen jetzt voneinander entfernt?
- Wie weit stehen Sie selbst von den aufgestellten Personen entfernt?
- Wohin schauen sie?
- Wer steht bei wem?
- Wer steht hinter wem?
- Wer steht vor wem?

Viele verlassen den Kreis, weil sie mit der aufgestellten Konstellation nicht zurechtkommen. Fragen Sie, warum dies so ist, und lassen Sie dabei jeden Teilnehmer aussprechen.
Interessant ist, dass die Vertreter sich so verhalten wie die Personen, die sie vertreten. Es ist auch verblüffend, dass sie über viele Situationen Bescheid wissen, die eigentlich nur dem echten Familienmitglied bekannt sein dürften. Doch dies hängt mit dem »kollektiven Unbewussten« zusammen, das uns, nach der Theorie von J. G. Jung, alle verbindet. Suchen Sie nun den Dialog mit jeder einzelnen Person im Kreis, und deuten

Sie deren Stellung im Medizinrad. Kann sich die Person damit identifizieren?

Weiterer Vorgang:

1. Stellen Sie sich im ausgerichteten Kreis auf den Punkt Ihrer Geburt, und wechseln Sie dann den Platz entsprechend Ihrem Aszendenten. Welcher Platz gefällt Ihnen besser? Wechseln Sie den Platz gegebenenfalls erneut.
2. Stellen Sie, wenn Sie es für nötig halten, alle Personen neu auf - Familienmitglieder, Freunde, Verstorbene und Tiere. Nun gehen Sie selbst in die Mitte des Kreises und suchen sich einen neuen Platz aus. Stellen Sie anschließend gezielte Fragen. (Sie können auch einen Vertreter für sich selbst aufstellen und dann ihm Fragen stellen.)
3. Kommunizieren Sie mit den Vertretern, und lassen Sie die Personen im Kreis reden. Fragen Sie, wie sie sich fühlen.

   Sagen Sie den Vertretern, was sie den realen Familienmitgliedern immer schon sagen wollten, und umarmen Sie die, die sie umarmen wollen. Was sich in solch einer Aufstellung entwickelt, kann nur über die Gefühlsebene wirklich wahrgenommen werden.

Es handelt sich hierbei um eine energetische Methode, und der Energieaustausch ist enorm. Lassen Sie den Gefühlen freien Lauf. Bei dieser Art der Familienaufstellung lässt sich zudem auch Ihre Vergangenheit ändern, was sich unmittelbar auf die Gegenwart auswirkt.

Stellen Sie auch Ihre verschiedenen Persönlichkeitsanteile auf: männlich und weiblich, gut und böse, bewusst und unbewusst. Beim Aufstellen wird dabei immer versucht, diese Anteile auszugleichen und dem Klienten zu zeigen, dass er eine goldene Mitte hat.
Sie können in diesem Zusammenhang auch zwei Stellvertreter für sich aufstellen, wenn Sie Ihre Licht- und Schattenseiten in sich darstellen wollen. Vielleicht haben Sie auch mehrere Persönlichkeitsanteile, die Ihnen das Leben zur Hölle machen. Lassen Sie diese in der Aufstellung miteinander kommunizieren. Wenn Sie Probleme mit den eigenen Gefühlen haben, können Sie auch

Ihre spürende und Ihre abgestumpfte Seite aufstellen durch zwei Vertreter. Beobachten Sie diese Personen. Was haben sie einander zu sagen? Wie gehen sie miteinander um?
Stellen Sie eventuell noch einen eigenen Vertreter für Ihre Wünsche und einen für Ihre Gefühle wie Groll, Angst, Scham oder Wut auf. Fordern Sie diese Anteile auf, sich zu umarmen. Es kann passieren, dass einer der Anteile zu weinen beginnt, doch haben Sie keine Angst, es kann nichts passieren. Kümmern Sie sich dann um alle Anteile bzw. deren Vertreter, und beachten Sie deren Positionen im Medizinrad.

Eine Variante:
Stellen Sie auf die Medizinradplätze vier Stellvertreter für Personen aus der Familie auf. Danach bestimmen Sie, wer welche Rolle in Ihrer Erziehung gespielt hat:
Stelle 2 im Rad steht für die Mutter.
Stelle 3 im Rad steht für den Vater.
Stelle 4 im Rad für steht für die Ur- und Großeltern bzw. für eine der Großmütter (Stelle 4 wird demnach von zwei Personen besetzt, womit wir

auf die oben angesprochenen vier Stellvertreter kommen).

Eine weitere Variante:
Nun stellen Sie die Stellvertreter auf folgende Stellen:

28 33 35 36 39 40

Zur Auswertung:
Der Platz 28 bedeutet: *Diese Person kann Sie unterstützen und aufklären.*
Der Platz 33 bedeutet: *Diese Person kann Ihnen Liebe geben.*
Der Platz 35 bedeutet: *Diese Person tut Ihnen gut.*
Der Platz 36 bedeutet: *Diese Person hat Macht über Sie.*
Der Platz 39 bedeutet: *Diese Person hat etwas Karmisches mit Ihnen zu erledigen.*
Der Platz 40 bedeutet: *Diese Person unterstützt Sie und lehrt durch positives Karma.*

Sie werden bemerken, dass bei der Aufstellung das Unsichtbare sichtbar wird. Man kann bei dieser Methode nicht alles, was dabei geschieht, nachvollziehen, sie funktioniert jedoch und hilft dort, wo andere Therapien versagt haben. Die Aufstellung wirkt bei rund 90 Prozent der Patienten äußerst positiv. Sie finden zu einer optimistischen Einstellung und können unbeschwert in die Zukunft schauen.

Der Austausch der Informationen zwischen den Beteiligten passiert hier unbewusst. So können wir das entdecken, nach dem wir gesucht haben - die wahre Ursache. Kam es in der Kindheit beispielsweise zu einer Spaltung der Persönlichkeit, kann sie durch die Aufstellung mit einem Medizinrad behoben werden, um wieder ein Leben in Harmonie führen zu können. Diese Methode bringt festgefahrene Seelenzustände wieder in Bewegung und ist in der Lage, Blockaden aufzulösen.

Man kann dabei zudem viel über sich selbst entdecken und lernt sich von einer anderen Seite kennen. Sie können überdies Ihre unbewussten Seelenzustände erfassen und teilweise bessere Erfolge erzielen als bei einem Gespräch mit einem Psychologen. Man gelangt in die tiefsten seelischen Ebenen und bewegt vieles.

Was wünschst du dir wirklich? Wie willst du weiter leben? Diese Fragen beantwortet dir das Medizinrad!

LITERATUR-VERZEICHNIS

Arroyo, Stephen: *Astrologie, Psychologie und die vier Elemente*, Hugendubel 2001

Bachler, Käthe: *Erfahrungen einer Rutengängerin*, in: *Geobiologische Einflüsse auf den Menschen*, NP 2004

Buchholz, Andrea: *Der geheime Code*, Silberschnur 2006

Moody, Raymond A.: *Leben nach dem Tod,* Das Beste aus Readers Digest, 1977

Moody, Raymond A.: *Nachgedanken über das Leben nach dem Tod*, Rowohlt 2002

Moody, Raymond A.: *Leben vor dem Leben*, Rowohlt 1997

Silver Raven Wolf: *Die schützende Kraft der Engel*, Ullstein 2004

Über den Autor

Vadim Tschenze arbeitete nach seiner Ausbildung an der Akademie als Heilpraktiker und schrieb nebenbei mehrere Bücher zu Gesundheitsthemen wie auch über das Kartenlegen. Seit 2004 arbeitet er als TV-Experte.

Wenn Sie noch mehr wissen und lernen möchten oder eine Beratung wünschen, dann schreiben Sie einfach eine E-Mail an: *vadim@vadimtschenze.ch* oder besuchen Sie meine Homepage *www.vadimtschenze.ch*
Für weitere Fragen steht Ihnen mein Sekretariat zur Verfügung: 0041 (0) 71 - 670 17 85.

Vadim Tschenze

Matrix-Numerologie

160 Seiten, broschiert
ISBN 978-3-89845-360-8
€ [D] 6,95

Unsere Schwächen und Stärken, unsere Charaktereigenschaften, Anlagen und Ziele, sogar unsere Familienqualitäten – sie alle sind in unserem Geburtsdatum zu finden. Die Matrix-Numerologie bietet Ihnen einen Weg, sich selbst anhand Ihres Geburtsdatums besser kennenzulernen. Sie ermöglicht es Ihnen, Ihre verborgenen Talente und Ihre wichtigsten Qualitäten, die Ihnen mitgegeben wurden, zu erkennen.

Mit dieser Methode erfahren Sie, wer Sie wirklich sind und warum Sie hier sind. Sie erkennen Ihre Wege.

Vadim Tschenze

Die Geheimnisse der Liebesmagie

10 x 13 lichtvolle Rituale

240 Seiten, broschiert,
ISBN 978-3-89845-252-6
€ [D] 6,95

Wir alle wissen: Es ist schon schwierig genug, einen Partner fürs Leben zu finden – doch selbst wenn man endlich das passende Exemplar im Auge hat, heißt das noch lange nicht, dass dem Happy End damit nichts mehr im Wege steht ... Damit Sie Ihren Wunschpartner fortan nicht mehr ziehen lassen müssen, hat Bestsellerautor Vadim Tschenze unzählige Liebesrituale für Sie zusammengestellt, die Ihnen dabei helfen, die Liebe in Ihrem Leben zu halten, unliebsame Konkurrenten lahmzulegen oder auch die Zuneigung zwischen Ihnen und Ihrem Partner zu intensivieren. Die Rituale selbst sind dabei bewusst einfach gehalten, damit Ihnen das »Nachzaubern« keinerlei Probleme bereitet und nichts mehr Ihr Glück aufhalten wird ...

Vadim Tschenze

Altes russisches Wissen

Das Beste für Seele & Gesundheit

192 Seiten, broschiert, mit Abb. & farbigem Auratest
ISBN 978-3-89845-262-5
€ [D] 14,90

Der Bestsellerautor Vadim Tschenze weiht uns in diesem Buch in das umfassende Wissen seiner russischen Urahnen ein. Über Generationen hinweg wurde es weitergegeben, und so haben sich die Praktiken und Methoden über die Zeit bewährt und verfeinert.
Mit großem Fachwissen behandelt er Themen wie:

- Energiereinigung
- Aurastärkung
- energetisches Heilen
- Aberglaube, Magie und Zauberei

Das Ergebnis ist ein praktisches »Fachbuch der Urahnen« mit zahlreichen Tipps für Menschen, die dieses Wissen bewusst nutzen möchten.

Vadim Tschenze

Das geheime Wissen

Einführung in die Welt der Esoterik

208 Seiten, broschiert
ISBN 978-3-89845-151-2
€ [D] 14,90

Das Buch der Antworten ... Der bekannte TV-Wahrsager Vadim Tschenze offenbart Ihnen in diesem Buch die Geheimnisse der Hellseher der ganzen Welt auf anschauliche und einfache Art und Weise.
Erlernen Sie Besprechen, Geistheilung, Handauflegen, Kerzenschattenlesen, Rauchdeuten, Wasserlesen, Pendeln, Handlesen, Gesichtslesen u.v.m. Denn wer weiß, was morgen passiert, lebt leichter ...

272 Seiten, broschiert
ISBN 978-3-89845-323-3
€ [D] 14,90

Vadim Tschenze

Vadim Tschenzes russisches Heillexikon

Ein universelles Nachschlagewerk für mehr Lebendigkeit, Stärke, Erfolg und Gesundheit!
Der spirituelle Therapeut und Geistheiler Vadim Tschenze benutzt seit vielen Jahren altes Wissen aus dem Schatz des russischen Schamanismus zur Behandlung seiner Patienten.
Diese kostbaren Weisheiten seiner Urahnen legt er nun als Nachschlagewerk in alphabetischer Reihenfolge vor und schafft somit einen Ratgeber, der in seiner modernen Interpretation von althergebrachtem Wissen einzigartig ist. Ein Praxisbuch, das in keiner Hausbibliothek fehlen sollte!

240 Seiten, broschiert
ISBN 978-3-89845-401-8
€ [D] 11,00

Monika Molitor

Magie für Junghexen

Bist du fasziniert von Magie und Hexenkunst und möchtest gerne wissen, ob magische Kräfte in dir schlummern?
Dieses zauberhafte Buch begleitet dich in die Welt der Magie und hilft dir zu erkennen, welche übersinnlichen Fähigkeiten du besitzt und wie du diese entfalten und einsetzen kannst. Alles, was du brauchst um eine Junghexe oder ein Jungmagier zu werden, findest du hier. Entdecke, was Magie ist, wie sie funktioniert und wie du sie anwenden kannst.
Magie zu betreiben heißt oft, die Welt mit anderen Augen zu sehen. Schärfe deine Sinne für die Anderswelt, damit ein Weg für dich begehbar wird, der dein Leben tiefgehend verändert.
Nur Mut, entdecke deine Fähigkeiten, beginne mit diesem Buch.

144 Seiten, broschiert
durchg. farbig
ISBN 978-3-96933-003-6
€ [D] 12,00

Anja Reimuth

Frag die Karten

Antworten auf die großen und kleinen Fragen des Lebens

Du möchtest wissen, was die Zukunft bringt, willst erfahren, in welche Richtung sich deine Partnerschaft entwickelt – oder einfach nur, ob der morgige Tag unter einem guten Stern steht?
Lege dir einfach selbst die Karten mit den bekannten und beliebten Spielkarten, die jeder zu Hause hat!
Anhand von verschiedenen Legesystemen bis hin zum großen Kartenbild lernst du die Karten und ihre Kombinationen kennen und erhältst so klare Hilfestellungen zu allen Lebenssituationen wie Liebe, Geld und Beruf. Highlights in diesem Buch: Verlorene Gegenstände wiederfinden, die passenden Edel- und Heilsteine finden, Ängste, Enttäuschungen und Verletzungen erkennen, Charaktereigenschaften von Personen erkennen, sowie Krafttiere in den Karten lesen.

280 Seiten, broschiert
ISBN 978-3-89845-625-8
€ [D] 15,00

Dick Sutphen

Das Orakel in Dir

Jetzt finden Sie eine Antwort auf die wichtigsten Fragen Ihres Lebens ...
Dieser leicht verständliche Leitfaden erweitert auf spielerische Weise das Bewusstsein und ist eine großartige Hilfe im täglichen Leben.
Das Orakel bringt Sie in Kontakt mit Ihrem Höheren Selbst, das die Antworten auf Ihre drängendsten Fragen bereithält und Sie so in wenigen Schritten zur Selbsterleuchtung führt.
Dieses inspirierende Buch umfasst 250 Botschaften. Einerlei, ob Sie es lesen, um metaphysische Antworten zu erhalten, um spirituell zu erwachen, oder ob Sie einfach jeden Tag inspiriert und bewusst beginnen möchten – das innere Orakel wird bald eine wichtige Rolle in Ihrem Leben spielen.

Weiterführende Informationen zu
Büchern, Autoren und den Aktivitäten
des Silberschnur Verlages erhalten Sie unter:
www.silberschnur.de

Natürlich können Sie uns auch gerne den
Antwort-Coupon aus dem beiliegenden
Lesezeichenflyer zusenden.

Ihr Interesse wird belohnt!

Weitere Projekte von

Geführte Meditationen auf CD,
besprochen und mit Musik unterlegt

Seelenheilung
... durch die schamanische Trommelreise
ISBN: 978-3-9523420-0-8

Goldene Mitte
Verändere dein Leben: Meditation zur
Blockadenlösung bei karmischen Ursachen
ISBN: 978-3-9523420-1-5

Heilende Gebete
... für Liebe, Wohlbefinden,
Geld und zur Blockadenlösung
ISBN: 978-3-9523420-2-2

Wasser aufladen
Heilende Töne für die Seele
Wasseraufladen für mehr Lebensqualität
ISBN: 978-3-9523420-3-9

unserem Autor Vadim Tschenze

Seminare auf DVD

Kartenlegen einfach gelernt - Basiskurs
Seminar für Anfänger mit Vadim Tschenze
Gesamtdauer 90 Minuten
ISBN: 978-3-033-01541-8

Kartenlegen einfach gelernt - Aufbaukurs
Seminar für Fortgeschrittene mit Vadim Tschenze
Gesamtdauer: 120 Minuten
ISBN: 978-3-9523420-4-6

Wohlfühlmassagen
Russisch-tibetische Honigmassage, Edelstein-Hot- und Cold-Stone-Massage, Antifalten-Gesichtsmassage ...
Gesamtdauer über 65 Minuten
ISBN: 978-3-9523420-6-0

Aberglaube, Magie, Wünsche und Heilung
Ein Vortrag mit Vadim Tschenze
Gesamtdauer über 124 Minuten
ISBN: 978-3-9523420-5-3